À FLOR DA PELE

THAMIRES HAUCH

Cocriatti

Texto 2023 © Thamires Hauch
Edição 2023 © Cocriatti

Coordenação editorial: Juliana Pellegrinetti
Capa, projeto gráfico e diagramação: Idée Arte
Revisão: Gerusa Bondan
1ª edição: junho/2023 — 1ª impressão: junho/2023

Dados Internacionais de Catalogação na Publicação (CIP)
Tuxped Serviços Editoriais (São Paulo, SP)
Ficha catalográfica elaborada pelo bibliotecário Pedro Anizio Gomes - CRB-8 8846

H368f HAUCH, Thamires.
À flor da pele / Thamires Hauch. – 1. ed. – Rio de Janeiro, RJ : Editora Cocriatti, 2023.
144 p.; il.; 13,5 x 20,5 cm.

ISBN 978-65-980202-0-0.

1. Amor-próprio. 2. Empoderamento. 3. Poemas. 4. Sentimentos. I. Título. II. Assunto. III. Autora.

23-980001

CDD 869.91
CDU 82-1(81)

ÍNDICE PARA CATÁLOGO SISTEMÁTICO
1. Literatura brasileira: Poesia / Prosa.
2. Literatura: poesia (Brasil).

Cocriatti

Todos os direitos reservados e protegidos. Nenhuma parte deste livro pode ser reproduzida total ou parcialmente sem a expressa autorização da editora. O texto deste livro contempla a grafia determinada pelo Acordo Ortográfico da Língua Portuguesa, vigente no Brasil desde 1º de janeiro de 2009.

contato@cocriatti.com.br
www.cocriatti.com.br
instagram: @cocriatti

THAMIRES HAUCH

À FLOR DA PELE

Cocrialti

para todas as deusas.

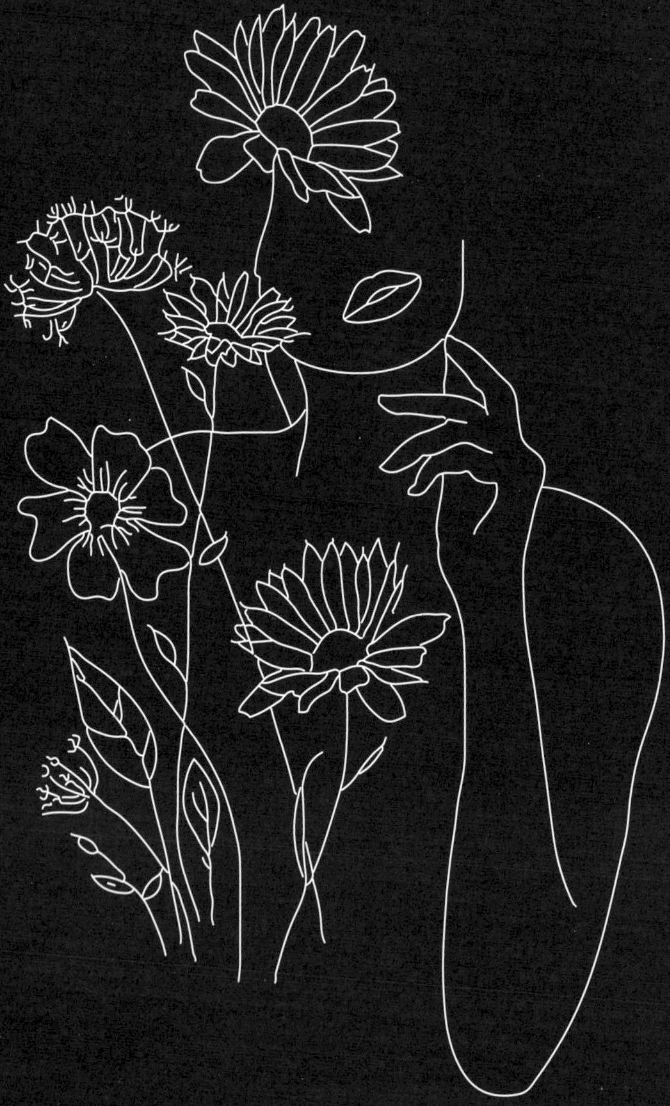

derramar-se é amar a si em estado líquido,
na esperança de que se solidifique: aquele amor
que escorre corpo adentro, lavando a alma,
levando o peso.

escolher bem minhas batalhas me fez lutar por mim —
minha maior dádiva é saber que me pertenço.

no passo da minha andança, festejo: sei que o passado
não me alcança.

8
à flor da pele

andando sem rumo, sumo na poeira que paira sobre mim. meu destino é força que chama. eu sou do mundo! sou a peça mais forte do jogo: a dama. se soma, vem junto. se subtrai, some. pensou que ia me enganar? é você quem anda confuso: eu não sou mais uma. na sua teia de mentiras, peguei um fio e fiz estrada rumo à felicidade. hoje moro no fim da rua, esquina com a sua velha saudade. caso me procure, saiba que não vai encontrar. eu passei a me amar e entendi que, ao seu lado, nunca foi o meu lugar.

thamires hauch

hoje, eu só queria que você soubesse que tudo o que você toca vira prece. é a oração mais bonita, aquela que te mostra que aí tem vida e que você pode e deve ir sempre além. muitas vezes, também é daquelas que te protegem quando encontra um pedaço de mau caminho e te faz dizer: livrai-me de todo mal, amém.

10
à flor da pele

o meu **corpo** tem espinhos que a própria
roseira desconhece. eu sou o raro encontro do
belo e do selvagem, do medo e da coragem.
as mais belas flores aprendem a se proteger
desde cedo, pois o tempo lhes mostra que
quem não sabe apreciar costuma deixar
sem vida.

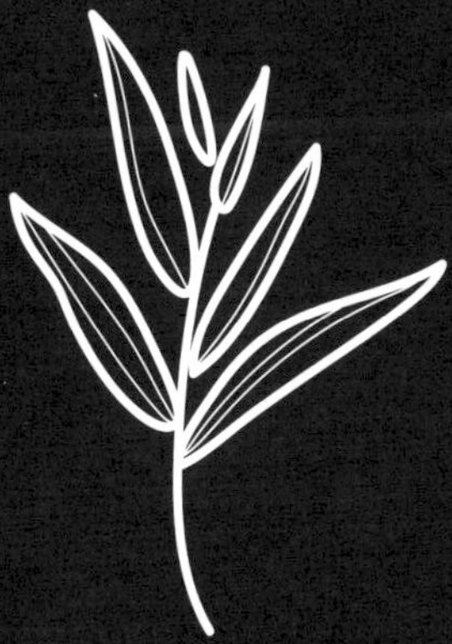

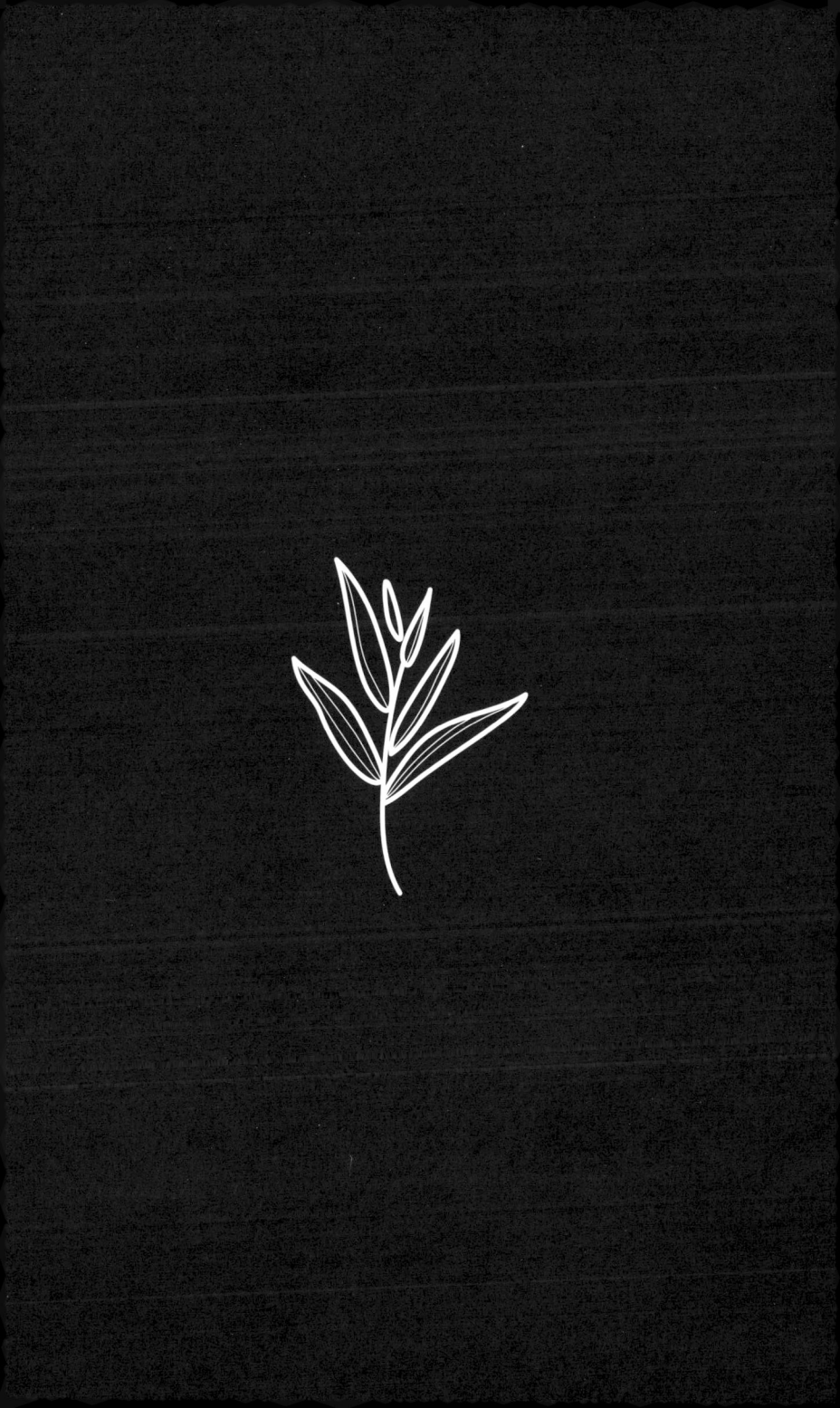

à flor da pele

é feroz o encanto e tão doce o
encontro entre seu passado e
o presente. 1001 mulheres se
encarando, lembrando que versões
são como escadas: todas foram
imprescindíveis pra que você
subisse hoje tão **alto**.

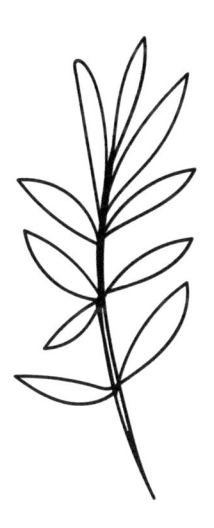

quando sinto um certo **abandono**,
pergunto ao espelho por que abandonei
a mim. se ninguém me tem, ninguém é
capaz de me deixar também. quando
acordo com vontade de me esconder
do mundo lá fora, encontro abrigo aqui
dentro. quando desperto pra expandir,
não caibo em mim, não me contento.

abençoo minhas partidas e aproveito as chegadas. eu nasci caminhante, por mais que, às vezes, só queira ficar num canto comigo. não me suponha, eu não sou suas dúvidas. talvez eu seja apenas o pouco das certezas que carrego no bolso daquele velho short jeans – amadurecer é feito perder a mãe no supermercado, só que a vida inteira. eu sei...

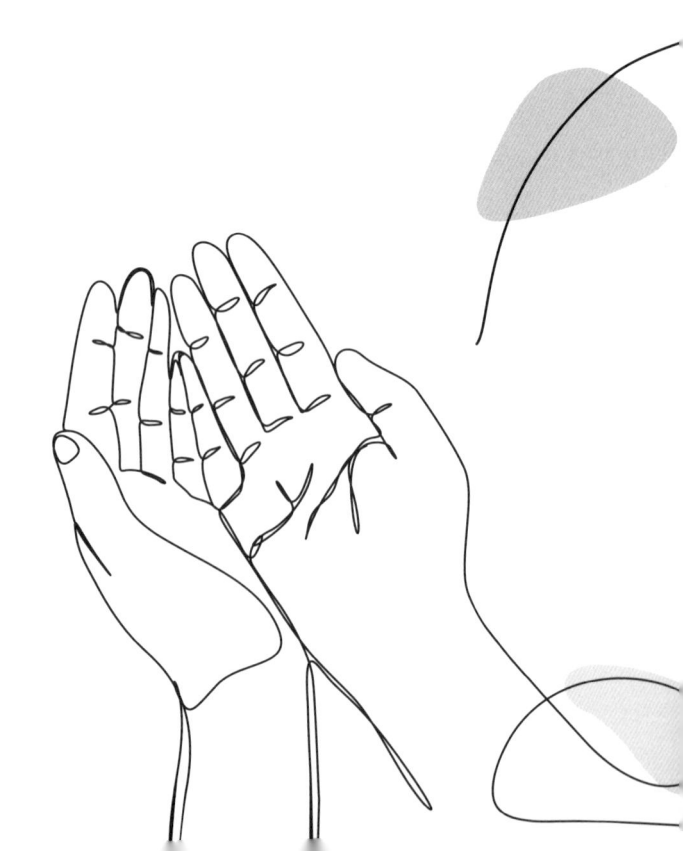

caminho entre a **sensatez** e a loucura,
levando em conta que perfeição não existe
e que ser normal é entediante. na porta do
meu quarto, um aviso: só se deita comigo
quem se dispõe a me levantar quando
preciso. e tenho dito.

16
à flor da pele

dona da **intensidade**, recuso metades. se não tenho tudo, então, eu não quero nada. sou capaz de embarcar em lindas histórias, assim como estou apta a fechar o livro quando me pego cansada. te quero, não te preciso. em alguns casos, encerrar não é o suficiente. é preciso fazer com que aquilo que não acendeu o coração vire cinzas de um passado distante. ardeu de saudade? eu deixo queimar.

eu sou whisky numa xícara de chá; temporal num copo d'água; vendaval e ventania. selvagem de coração gentil, perigosamente divertida. carrego a independência na mochila e o amor-próprio estampado na testa, os medos escondidos no bolso de trás e a coragem dentro de uma garrafa – tomo dez goles por dia. nesses tempos, uma coisa eu aprendi: não adianta cair de amores por quem não tem força pra me segurar. mulheres incríveis demandam estruturas mais sólidas e é esse o ponto que eu sempre preciso explicar.

18
à flor da pele

meu **relógio** é o meu coração. é ele que marca o passo e o tempo de quem me põe pra dentro da própria vida — e mantém — como num lindo refrão. me encanta se me canta num canto da casa, eu, alma nua, pés no chão. tic-tac, corre ponteiro, eu suplico que pare nesse momento que é bom. o despertador não toca quando sabe que eu tô na sua porta, eu não preciso acordar no meio dessa (con)fusão. o remédio e o veneno, o caos e a sorte, somos a vida e a morte enrolados em lençóis... 1500 fios. eu e você? 1 nó, nós.

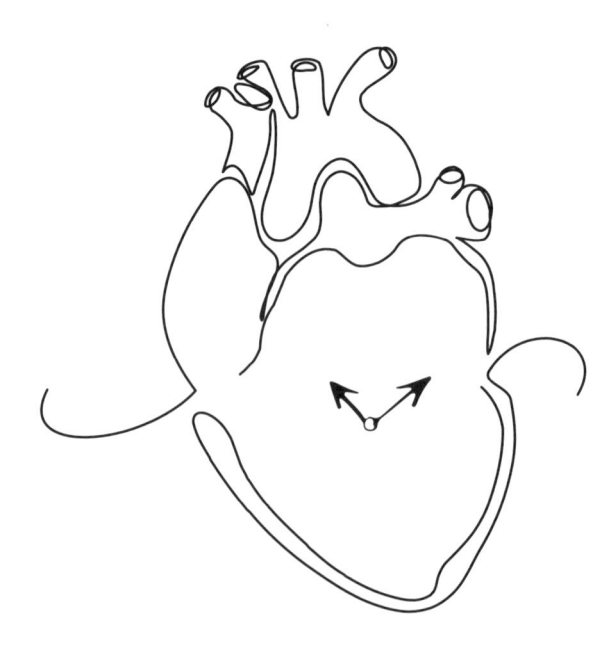

19
thamires hauch

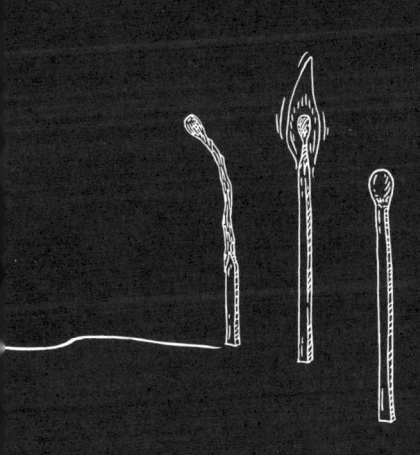

cruzei o **fogo** pra que ardesse aqui dentro o
que ninguém nunca fez arder. sou um abismo,
a emoção à beira de um precipício, o empurrão
que ninguém tem coragem de dar. eu não cairia,
mas voaria como num encanto por aquele que se
atreveu a me atiçar. amar é coisa de gente forte, eu
gosto de arriscar porque sei que posso contar com
a sorte — é uma pena você se acovardar.

existe **tempestade** pra fazer a vida brotar. você é tanto tempestade quanto vida. é preciso desaguar pra fazer surgir uma nova versão de si. não se contenha. desabe: você sabe bem como renascer.

eu perdi o medo de chorar quando entendi que todas as flores que esperava ganhar nasceram dentro de mim, assim que eu as reguei com o mais puro das minhas emoções. sinto muito — não como quem se desculpa, mas como quem se afoga na própria maré. é sobre se amar? é.

22
à flor da pele

eu não me reconstruí sozinha pra deixar que
alguém me destrua, fingindo estar junto.
eu atravessei terremotos, dancei em meio a
vendavais, tive medo até da sensação de estar em
paz. eu vi o fogo queimar o mais puro de mim.
tornei-me, enfim, **tornado**.

24
à flor da pele

eu jogo com você, querendo te ver ganhar.

não tenho intenção de levantar troféus,

minha vida nunca foi pódio.

vou te deixar correr na frente,

vai parecer que nunca estive ao lado,

mas quando você chegar ao fim,

seu prêmio vai ser o melhor de mim.

25
thamires hauch

me visto de armaduras só pra ser vista. notável, querendo que me note. meu jeito de durona é uma súplica ao seu suave toque. em suas mãos, sou frágil feito bombu-relógio. contigo eu me desfaço enquanto o tempo voa. eu queria que o tempo parasse, mas é que eu ando tão ocupada... hoje o dia tá cheio, separei meu tempo só para as prioridades: passa que horas lá em casa?

eu achei que você fosse fogo, era brasa.
eu, **ardente**, inebriante, me enganei em meio ao
caos. eu era tempestade, você era garoa. você foi,
literalmente, a gota d'água: eu era o copo cheio.
você foi o último suspiro — tudo que eu precisava
pra seguir em frente. não me contento com pouco
e me orgulho disso. depois de você, eu renasci.
descobri que, pra uma mulher infinita feito eu,
a vida é muito mais que meras metades.

eu precisei me **abraçar** pra entender:
eu tenho amparo e força nesse corpo,
que é casa e também é caos. me aqueço
no calor que também busco fora, como
se eu não fosse fogo o suficiente. eu
brinco de me envolver comigo, mas
nunca brinquei de me envolver com você:
com você foi verdade. eu me entreguei
feito encomenda, só que me saí muito
melhor que ela; como diz o ditado. a
culpa não foi minha – você nunca esteve
pronto pra me receber.

espero que um dia nossos **caminhos** se cruzem novamente e nós estejamos mais maduros, pra que eu possa, finalmente, te olhar com aquele jeito de quem nunca te conheceu.

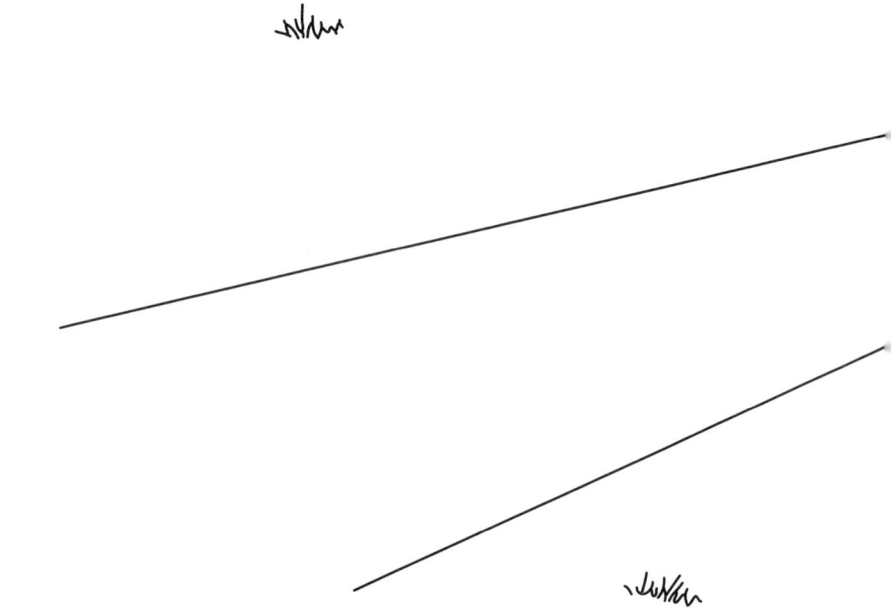

29
thamires hauch

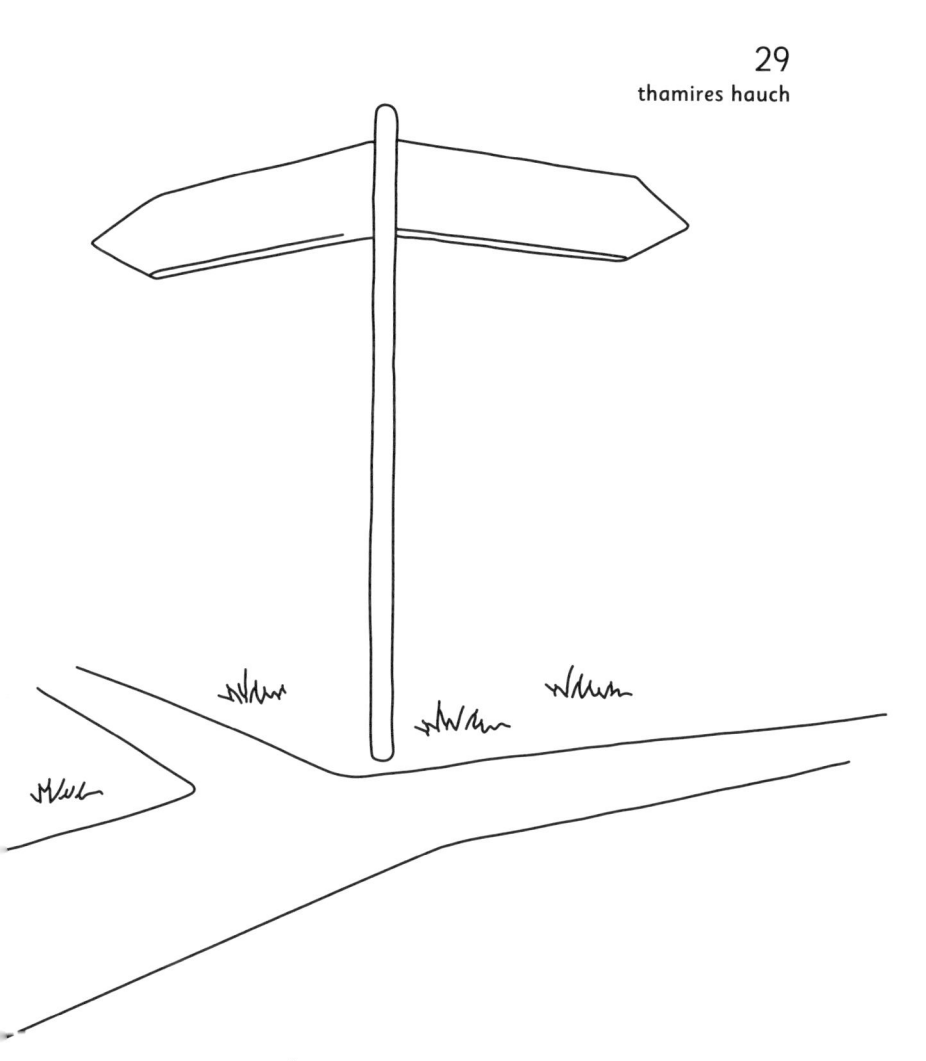

estamos **vivos**, mas a verdade e que todo dia também estamos morrendo um pouco. o grande paradigma existencial. você age sob que aspectos? perde seu tempo como quem vem se desfazendo por aí ou se prioriza como quem sabe viver?

eu tenho **pavor** do morno. eu prefiro frio a morno. o morno é insosso, sem vida, nunca faz mesmo questão. pelo menos, o frio é verdade. me mostra onde não colocar meu coração. comigo sempre foi assim – 8 ou 800, porque o 80 também não me basta. intensidade até o último fio de cabelo. quem sair por último, apaga a luz – eu vou continuar acesa.

uns chamam de **arrogância**, mas há
quem acredite ser força. quem acha o quê?
honestamente, pouco me importa.
quando a fogueira se apagou, era eu quem
tava lá pra recolher as cinzas.

ninguém seria capaz de me definir. sou o infinito, e nada pode me preencher a não ser eu mesma. tem que ser pequeno demais pra não me valorizar, porque só coisas pequenas demais se perdem em espaços tão grandes feito o meu coração.

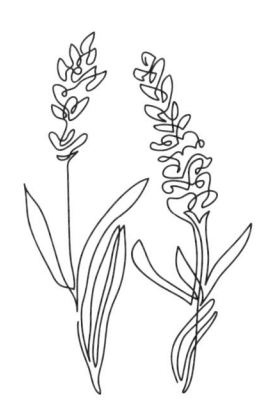

e se eu te dissesse que acabou o amor?
você pensaria em qual deles?
nos que teve ou naquele que é pra
sempre seu?

o próprio.

pra dias de **angústia**, altas doses de compreensão. abrace o caos como quem faz do furacão carona pra se transformar. seja paciente com seus processos como você seria paciente com quem está começando. afinal, todo dia é um novo começo na sua história.

eu sou **rio**. o verdadeiro amor
adoraria rir comigo até desaguar
em (a)mar. em profundezas, só
se arrisca quem sabe nadar.

eu tenho sombras que
a própria **escuridão**
desconhece. medos de que até
o próprio temor desconfia.
coragens que a bravura
admira. eu sou o caos e a
própria cura; a árvore que
enverga na ventania, mas
com raízes tão profundas, que
jamais me atreveria a quebrar.
eu sou o paradoxo que a vida
gosta de admirar.

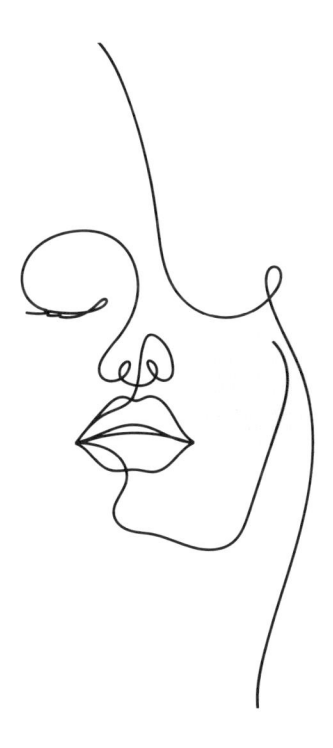

ser intensa não é sobre **mergulhar** fundo em cada um que conhece. isso é insanidade. intensidade é se doar pra quem merece, usando toda a força da própria verdade. ser intensa é ser real no afeto que é fato, no beijo que é dado, na palavra que é compromisso. intensidade é amar de verdade sem esquecer da premissa básica em que consiste se relacionar: sem reciprocidade, não existe o mínimo — a vontade.

só quem já se **despedaçou** sabe o que é pior que pisar em ovos: pisar em cacos de si. paciência pra juntar pedaços como quem reconstrói um edifício. levantar-se requer mais que tempo. requer um coração saudável como um alto investimento. não me decepciona quem não faz por onde, porque o meu caminho tá traçado desde o início. o meu "onde" eu sempre sei, talvez só ainda não saiba o "como".

não sou do tipo que se joga na sua aventura,
mas sim a que te pergunta "e você? vem comigo?".
de boba não tenho a cara, tampouco o coração.
sou valente até o último fio de cabelo,
sou coragem do sim ao não.

a minha nova **música** preferida, o macarrão que
eu aprendi a fazer, a cor que eu passei a detestar,
a série que eu me viciei em ver. o cabelo que eu
decidi cortar, a unha que eu agora não pinto só
de vermelho, os prazeres, os medos, os anseios.
a melhor parte de viver é poder recomeçar.
existe uma beleza gritante no fato de não me
conhecerem mais. permito-me ser desconhecida.

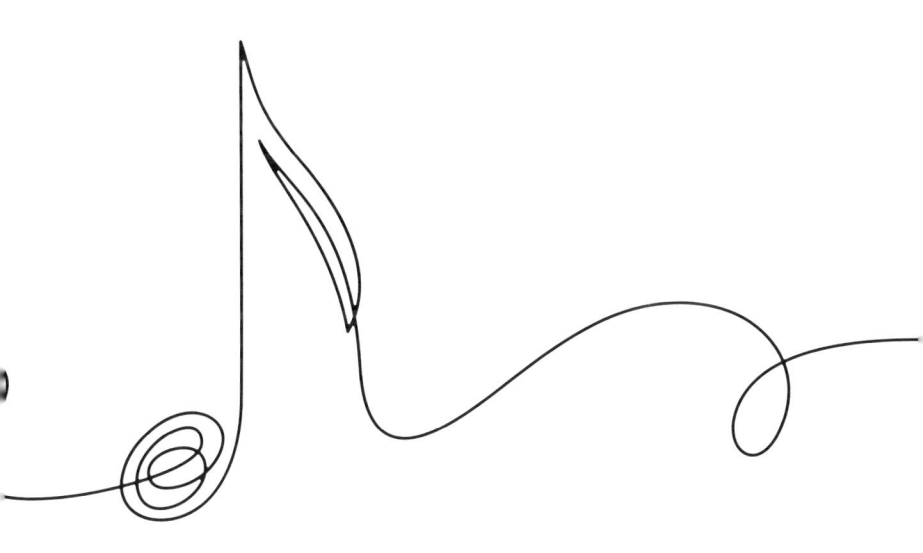

é **fácil** dizer que eu me amo quando o riso tá frouxo, e tudo o que se vê é uma enxurrada de felicidade. difícil é fazer o mesmo quando tudo é água salgada que escorre rosto afora, alma adentro, quando nada parece fazer sentido, quando a vida perde o movimento. é preciso se amar incondicionalmente – quando nada for festa, quando tudo for flores. se não somos eternos, por que as fases ruins haveriam de ser?

é preciso aprender a perder quem era bom e não ficou. é preciso aprender a perder. ponto. a verdade é que nem todo mundo que se vai é ruim pra nós, mas o outro não ter motivo pra ficar deveria ser motivo suficiente pra gente desapegar. é sobre impermanência; é sobre conformidade. talvez não precisemos de muita coisa além de entender sobre o que se trata a liberdade: o direito de ir e vir, porque não somos presas a ninguém, e ninguém é preso a nós. amar não é algema. sabedoria é aceitar que, enfim, é preciso aprender a perder.

eu não tenho **sorte**, eu tenho vida. eu tenho garra. eu tenho uma vontade incontrolável de fazer tudo acontecer. eu tenho sonhos. eu tenho afeto. eu tenho a mim. eu sou um apanhado do que me disseram que eu não poderia ser, do que apostaram que eu não conseguiria fazer. eu tenho coragem. eu tenho uma cara que não tem vergonha, um peito aberto que não tem medo. eu não corro atrás, eu voo acima. a próxima vez que falarem que eu tenho sorte, é isso o que eu vou dizer.

44
à flor da pele

o relógio te mostra que as suas **horas** são poucas, raras, suas. o tempo não tem tempo pra irrelevâncias. seu trunfo é ser você: alguém que não se limita, que escolheu viver escancarada pro amor. coragem, menina! eu sinto muito pelos pedidos de desculpa que você ainda espera. provavelmente, eles não virão. e se vierem? e se você estiver ocupada demais para ouvi-los? talvez isso nem faça mais sentido. o que você sente é muito bonito, mas... e o que você merece? é belo, é inegociável. você jamais floresceria com alguém que te nutre quando bem entende; que te rega quando a boa vontade permite. por falar nisso, enterre o passado e não leve mais flores – é o seu coração que precisa de atenção. você sofreu, fingiu que entendeu, teve recaídas, enfim, renasceu. agora tem ares de deusa, com a malícia de quem sobreviveu ao inferno. você está pronta. quem diria? eu disse, você vai dizer. mostre ao mundo a que veio: você espera por isso há muito tempo, e tem muita gente pagando pra ver.

marquei um encontro com
o **destino**, mas ele não
tinha hora pra chegar. eu, bem-vestida.
ele não usaria nada além de paciência. entendi que
era preciso esperar. enquanto esperava, reencontrei
velhos amigos, trabalhei, me cuidei, resolvi pendências,
levei o cachorro pra passear. então, o destino chegou
perfumado, trazendo flores, dizendo que estava à
minha procura, depois de tanto caminhar. pedi perdão
ao destino — andei tão ocupada que nem vi a hora
passar. foi aí que eu descobri que o que é pra ser meu
sempre encontra o caminho, por mais que se perca,
por mais que demore, ele há de encontrar. e eu nunca
precisei ficar parada esperando, porque a melhor
maneira de receber o destino é fazendo a vida andar.

à flor da pele

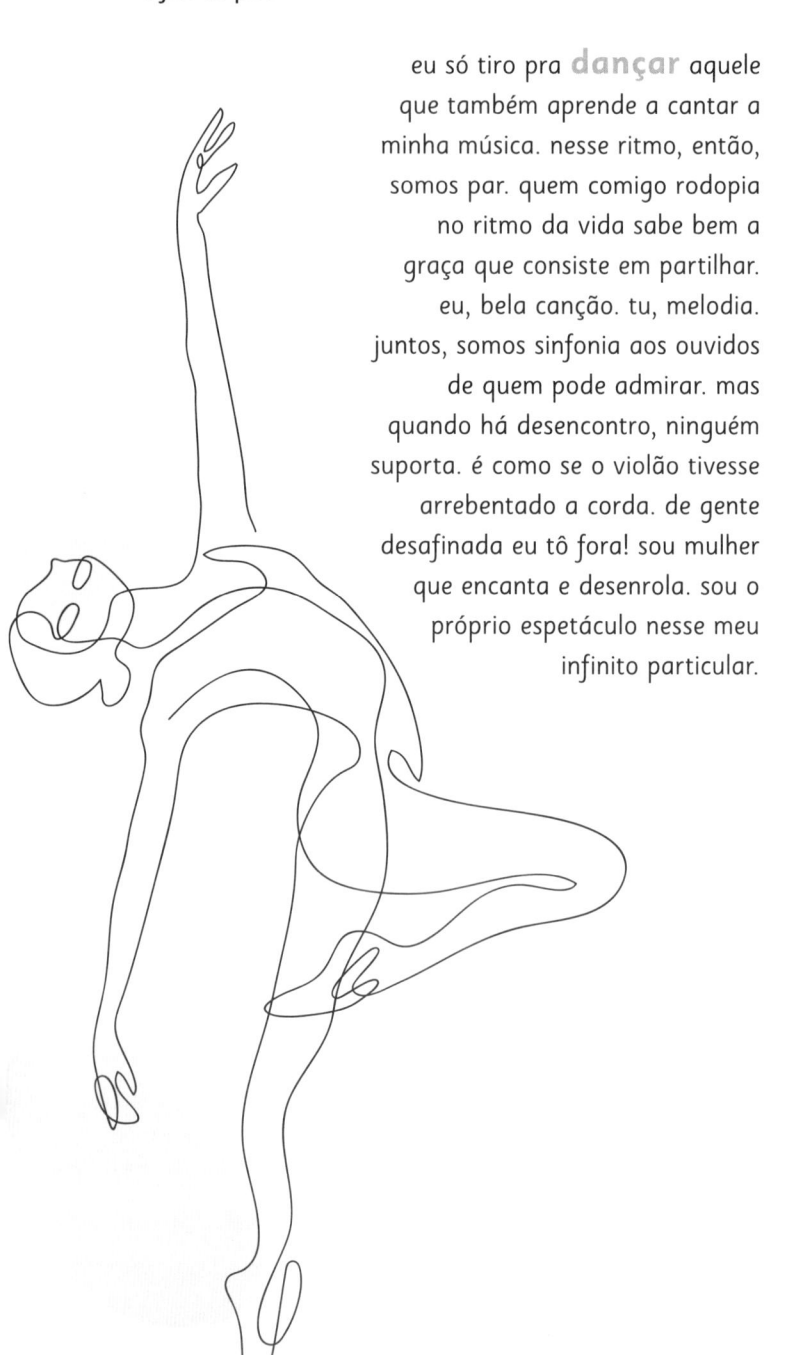

eu só tiro pra dançar aquele que também aprende a cantar a minha música. nesse ritmo, então, somos par. quem comigo rodopia no ritmo da vida sabe bem a graça que consiste em partilhar. eu, bela canção. tu, melodia. juntos, somos sinfonia aos ouvidos de quem pode admirar. mas quando há desencontro, ninguém suporta. é como se o violão tivesse arrebentado a corda. de gente desafinada eu tô fora! sou mulher que encanta e desenrola. sou o próprio espetáculo nesse meu infinito particular.

é um **trabalho** complexo olhar
para as minhas feridas em aberto.
eu sei do que elas precisam: cuidado,
atenção, proteção. elas não podem
ser tocadas por ninguém que não
esteja apto a cuidá-las. e do que são
feitos os curativos? de altas doses de
um remédio chamado compreensão.
no meio dessa jornada intensa que
é aprender a se amar, percebo que
talvez a vida seja um tanto sobre
entender que a perfeição não me
cabe, e que tem dias que eu vou, sim,
querer desistir de me cuidar – a cura
não é um processo linear. mas em vez
de desistir, vou descansar.

eu não quero **simplesmente** me aceitar
e ponto. eu quero ter coragem pra mudar o
que me desagrada, minhas partes tóxicas,
meus comportamentos nocivos tão enraizados.
eu quero me amar por completo, sim, porém,
sabendo que nem tudo o que eu normalizei
dentro de mim realmente me convém. eu só
quero aceitar o que eu não posso mudar. tudo
o que puder se transformado aqui dentro, eu
vou revolucionar. isso é um aviso.

chover afeto em copos rasos é pedir que ele transborde um amor que não lhe cabe; um amor que não lhe convém.

pra **menina** que um dia fui...
eu prometi protegê-la, ser sua guardiã. ser tudo o que ela sempre precisou. mas quando me vi no lado mais escuro da vida, era ela a minha verdadeira estrela-guia. minha pequena criança é quem me salva, quem desenha a estrada e me lembra de tudo o que eu passei pra chegar até aqui. é por ela que eu nunca desisti.

minhas versões dançam em volta da fogueira, giram, bailam feito ciganas, cada uma à sua maneira, me mostrando que o importante não é saber tudo, mas fazer o que se pode com tudo o que se tem. umas mais acanhadas, outras livres, cantam, observam, descansam. eu observo de longe, quando todas me encaram e entoam um lindo e sonoro "estamos contigo". e é aí que eu lembro que tudo o que já fui um dia me fez ser quem eu sou hoje. que saibamos honrar todas as nossas versões, pois são elas que constroem nossos degraus rumo ao sucesso.

é **loucura** aceitar pouco por medo de nunca conhecer o muito. quando pouco se aceita, o pouco é tudo o que se parece ter. e talvez seja disso que as ilusões são feitas: carne, osso e medo de descobrir que se pode mais.

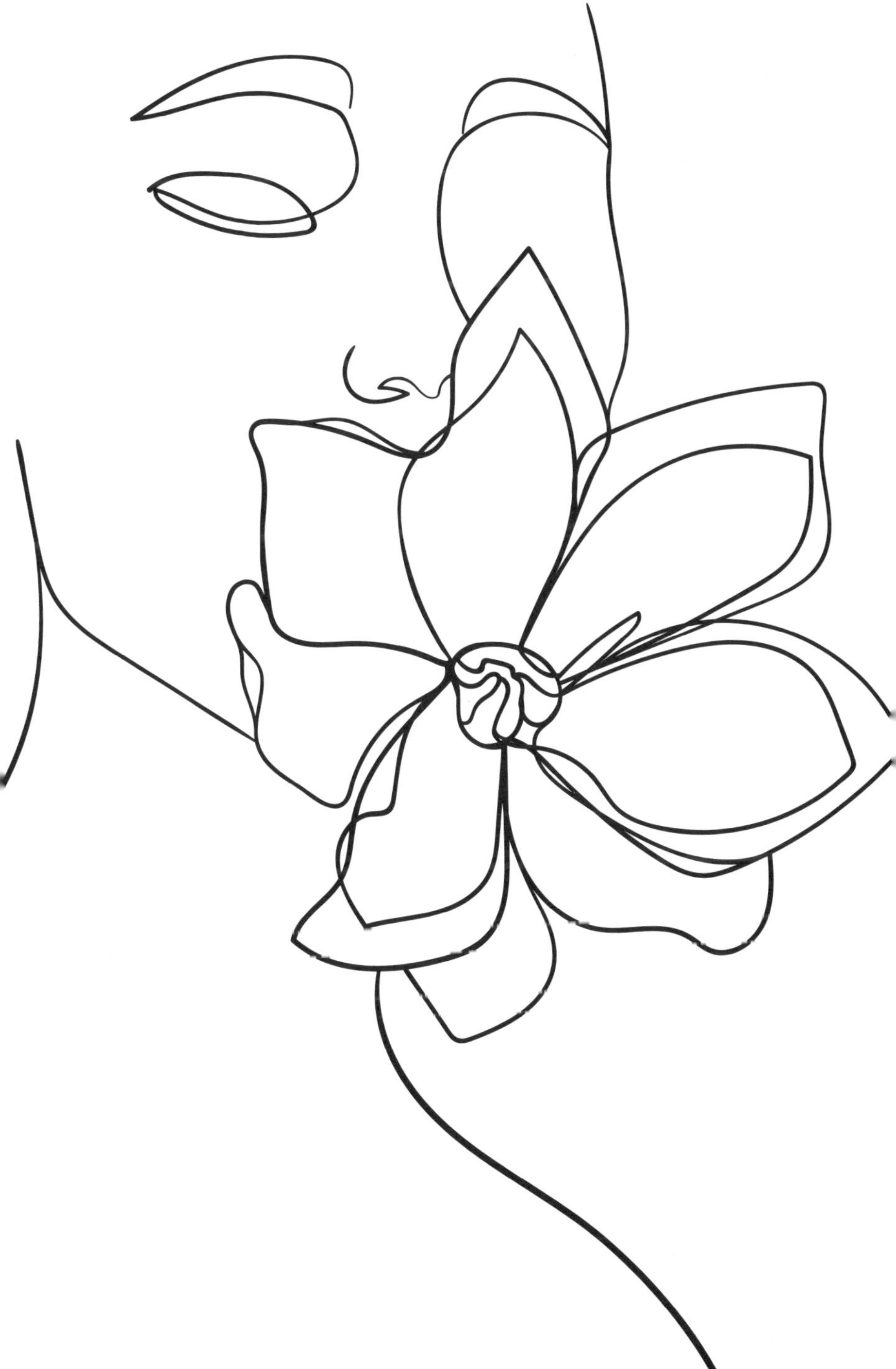

uma vez me perguntaram qual é o
segredo pra ser uma mulher tão
segura. será que o segredo é tentar
ser? todo dia eu tento muito. de várias
formas, em várias áreas da minha
vida. tem dia que eu caio, tem dia
que eu me jogo, de fato, mas tem dias
que eu venço. dias e dias. eu sempre
busco o melhor de mim, pra mim. a
vontade que eu tenho de ser o que
eu nasci pra ser é imensa, e eu jamais
viveria uma vida inteira me colocando
em uma posição desprivilegiada – eu
não ganharia nada com isso. e, cá pra
nós? nesse quesito, eu serei sempre
uma péssima perdedora.

nem toda **saudade** vale o rímel gasto.
escolha bem suas batalhas.

tem **beijo** que é bom, mas não vale a mensagem não respondida. tem sexo que é vendaval, mas não vale a bagunça que faz na nossa vida. tem companhia que faz rir, mas não vale a tensão de esperar quando será a próxima risada. tem colo que acolhe, mas não vale a ausência que causa depois. tem abraço que esquenta, mas não vale a frieza do silêncio. tem gente pra tudo, tem gente pra gente, tem gente que é cisma.

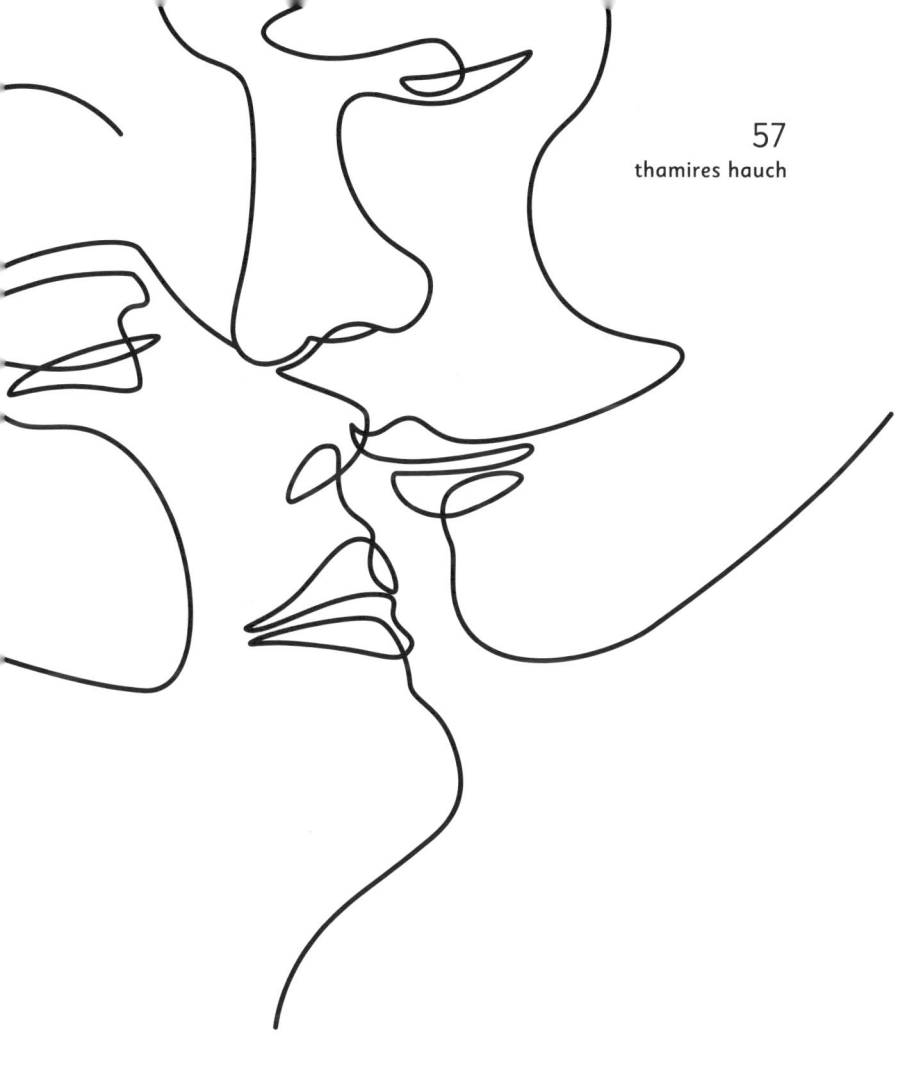

você é uma taça de **vinho** tinto, mas tudo o que ele conseguiu beber foi um chá. você é obra de arte, mas cara a cara com o quadro, ele só conseguia olhar pro celular. você é poesia. ele não sabe ler. entende?
o problema nunca esteve com você.

eu fui a sua **pessoa** errada na hora certa, e não o contrário. eu vacilei, eu sei.

tomara que lá na frente, se a gente, por obra do acaso, se encontrar, eu possa me reapresentar.

você finge que ainda não sabe meus gostos, meu jeito de andar, a forma como eu ignoro as notificações do meu celular.

eu vou chegar na hora, prometo que já terei perdido a ridícula mania de me atrasar.

vou usar o mesmo perfume porque eu sei que você adora, mas já sabe, né? você vai fingir que nunca sentiu esse cheiro antes. eu serei nova, serei outra. te falarei sobre minhas manias estranhas só pra você também soltar aquela gargalhada esquisita que eu adoro ouvir.

mas eu também vou fingir que não te conheço. eu também quero uma nova chance de te explorar.

tomara que um dia eu seja a sua pessoa certa na hora certa.

dessa vez, prometo – não vou te deixar escapar.

59
thamires hauch

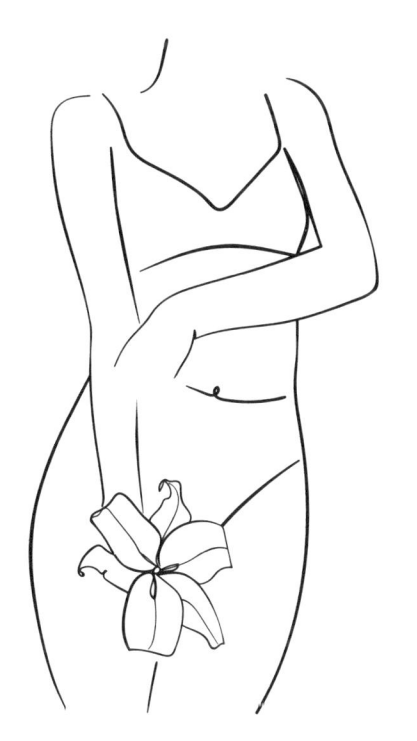

nossas raízes são nosso alicerce quando o mundo parece desabar.

nossas raízes são nosso verdadeiro lar.

a lembrança de onde viemos é a bússola que vai nos guiar pra direção que o coração realmente deseja ir — ainda que haja medo, ainda que tudo pareça tentar nos impedir.

nessa vida, vai ter furacão e tempestade, mas enquanto eu mantiver bem firmes minhas raízes, pode ventar à vontade.

eu não vou cair.

61
thamires hauch

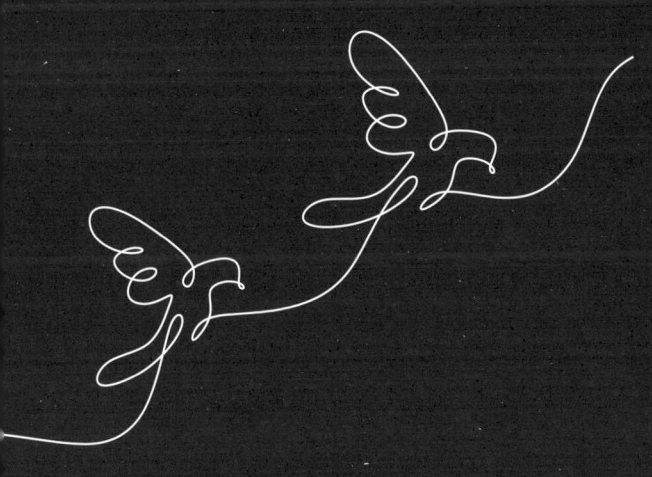

se você quiser **voar** comigo,
eu vou amar.

mas se você não quiser,
eu vou voar do mesmo jeito.

minha vida acontece, é um fato
— com ou sem você.

completa e inacabada.
sensata e sem noção.
extremamente livre e sempre presa dentro de mim.
insuportavelmente feliz e dona de uma tristeza avassaladora.
selvagem e dócil.
perspicaz e ingênua.
eu sou algo que existe entre essa desordem.
eu sou tudo isso.

eu não sei exatamente o que sou,
mas estou me encontrando.

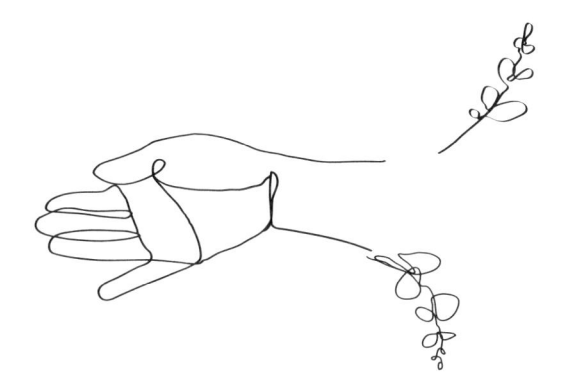

elas **curam** tudo. é como se, ao encontrá-las, todo o mal fosse embora, como num passe de mágica.

a risada, as histórias de anos atrás, o julgamento completamente hipócrita sobre a vida alheia, as viagens sobre a própria vida.

os sonhos.

as piadas internas, os assuntos que deveriam ser proibidos de serem ditos em voz alta.

eu poderia só desabafar em dias ruins, mas, quando juntas, a verdade é que não há dias ruins. prefiro aproveitar a felicidade como um presente que a vida me dá.

melhores amigas, nossos anjos em vida.

viva!

viva as melhores amigas.

meu **coração** acordou partido essa manhã.
ele não tinha rumo, eu não tinha norte.
mas eu tinha uma cama, um quarto escuro e
memórias do que eu gostaria de não mais lembrar.
eu queria ter sido mais motivacional no dia de hoje,
mas eu não pude. tudo o que pude fazer foi me
acolher e deixar passar.
negar um sentimento não o afasta.
permitir que ele apareça e reconhecer sua
presença faz com que ele exista.
e tudo o que existe também se vai.
a premissa básica pra algo morrer
é deixar que viva.

de tantas faces, por tantas vezes,
precisei assumir a mais arriscada.

me operei!

tirei de mim todas as cascas – os julgamentos que
nunca me pertenceram, os rótulos, as amarras.
quando acordei, estava de peito aberto pra vida.
pela primeira vez, eu, por mim, pronta pra me
vestir somente do que verdadeiramente me cabe.
sem que me aperte, sem que me sobre.

às vezes, é de longe que se enxerga melhor.

não foi tão difícil cortar laços... eu sei que, de vez em quando, difícil mesmo é não se enrolar em certos nós.

uma vez que se perde na estrada, se conhece melhor o caminho.

percorro sua vida como se tudo dependesse de mim, porque depende.

não deixo que promessas me encham os olhos. permito que somente boas atitudes me inundem o coração.

sou fogo!

se me tratam como **mereço**,

sou capaz de aquecer uma vida.

caso contrário, incendeio.

o silêncio que corrói, a coragem que constrói — eu sou a própria capacidade em sua mais pura maestria: quem um dia duvidou, nunca imaginou onde eu estaria.

sou o amor, a força e a **cura**.

todos os caminhos me trazem até mim.

à flor da pele

das
minhas
cicatrizes
nascerão
asas.

eu estou me curando, e sei que isso vai
assustar muita gente. a verdade é
que ninguém espera ver uma mulher se
reconstruindo, usando nada além do seu
maior triunfo: o amor-próprio.

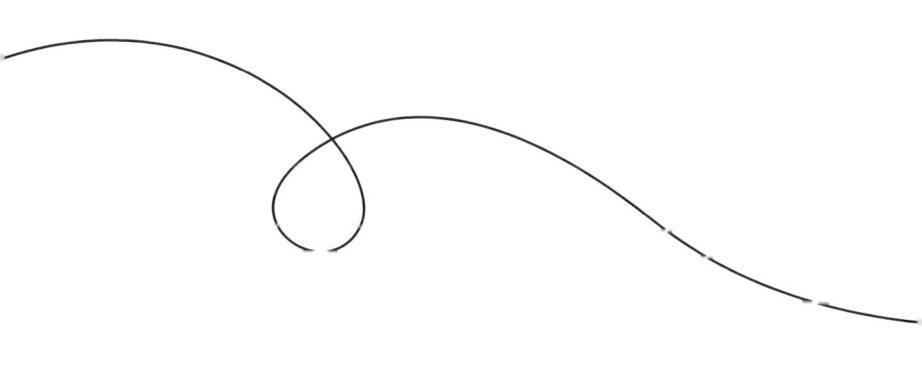

a maior **semelhança** da mulher com a água?
pode ser bálsamo, mas em tempos de cheia,
carrega tudo o que vê pela frente. a maior
semelhança da mulher com o sol?
reluz e arde.

ir **embora** nem sempre é sobre não amar mais o outro, mas sobre correr antes que deixe de se amar.

não me resumo a uma versão,
também não sou um mero rascunho.

sou um texto inacabado; a história com
reticências; a exclamação depois da vírgula.

eu não disse que faria sentido:
eu disse que seria real.

sou visceral, genuína, gente como
a gente — sou o gesto final.

me apresento como quem conhece cada canto
de si, como quem visita e revisita memórias,
sem medo do que vai encontrar.

eu já temi o passado. hoje, deixo ele passar.

eu me cultivo. eles não sabem o trabalho
que é crescer...

feito brava flor solitária de um velho jardim,
eu aproveito cada tempestade.

ser uma mulher **independente** e saber, principalmente, que não há nada que me prenda, apesar de existirem vários fatores que me façam ficar.

te quero, mas não te preciso.

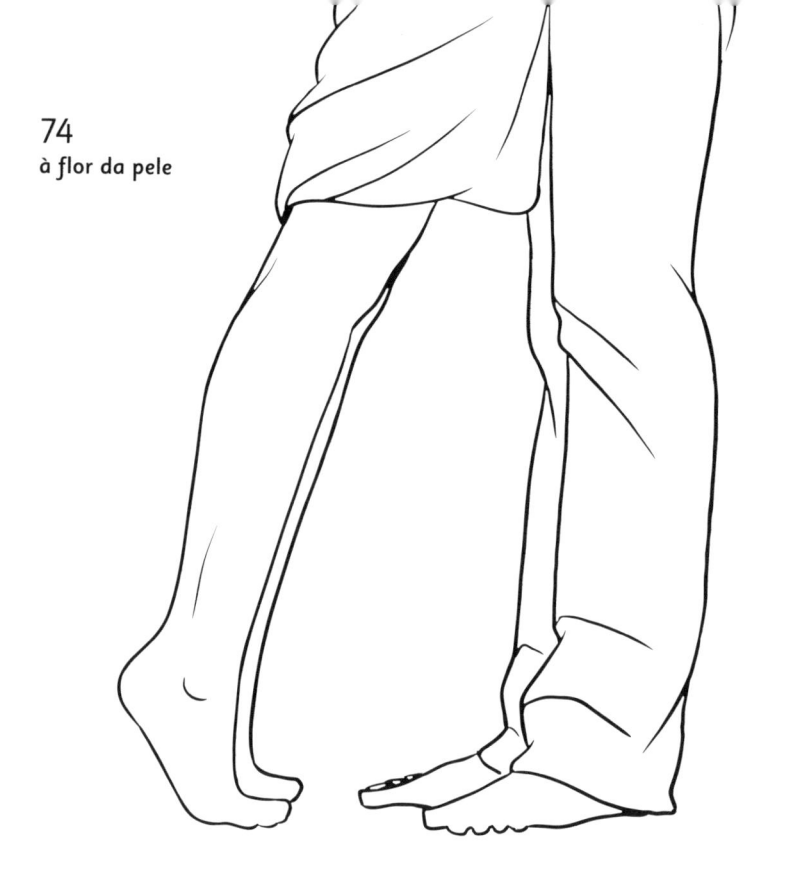

não é **pedir** demais quando eu sei exatamente o que eu mereço. palavras podem até abrir portas, mas são atitudes que mostram quem deve ficar.
se deitar com o deleite da reciprocidade
é o que devemos priorizar.

eu quero alguém que me dê
o prazer da companhia, a
inteireza da alma. alguém que
me ofereça café, chocolate e colo.

alguém que saiba que comigo
também pode contar.

eu quero sonhar junto sobre
coisas que eu sei que não vamos
realizar... é como dizem: "o melhor
da festa é esperar por ela...".

eu quero alguém que ache
graça dos meus desacertos,
mesmo sabendo que eu
tenho partes cruas, nuas, que
precisam de amadurecimento.

eu quero alguém, mas
definitivamente não
quero qualquer um.

cansada demais pra morrer de amores,
eu quero viver de ser amada.

o que realmente nos marca nessa vida não
é o restaurante que acumula estrelas e cheira a
caviar, visitado na última viagem milimetricamente
planejada, mas aquele momento na viagem em que
você teve sono e pôde repousar em paz no ombro
de quem ama. a paz. o sossego. o aconchego.
isso é o que deixa marcas.

quando alguém que **amamos** morre, o mundo para por um instante. eu tenho certeza de que para. e os instantes nunca foram tão longos como no momento em que recebemos tal notícia. queremos gritar, mas voz nenhuma seria grave o suficiente. queremos fugir. mas fugir pra onde, se dentro é vazio, e fora perdeu o sentido? estar vivo enquanto amores morrem é viver de saudade.

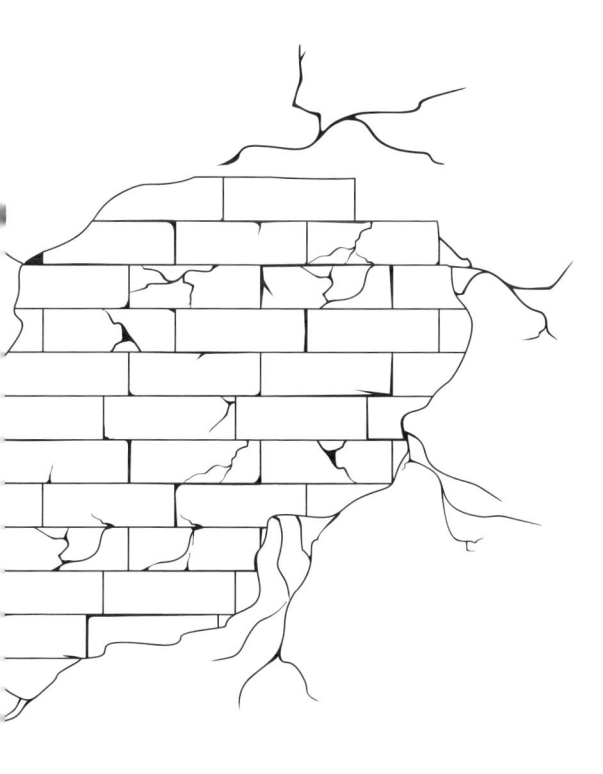

derruba teus **muros**,
constrói tuas pontes.
desarme-se pra amar.

quero me perder onde o **vento** faz a curva,
na esquina entre o amor-próprio e as minhas dores.

lá, eu tenho certeza de que consigo visitar ambos, sabendo exatamente por que, por vezes, me falta um e me sobra outro. quando eu tiver entendido isso, terei, enfim, me encontrado.

não **me** colocar em situações das
quais não me orgulharei depois.

não aceitar menos do que mereço.

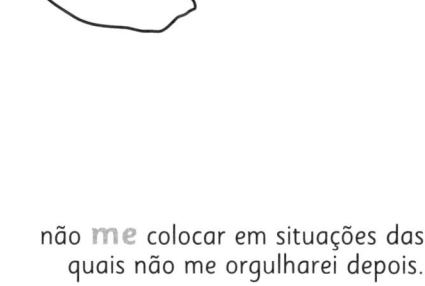

me respeitar, principalmente
quando não me respeitarem.

não resumir meu valor
à opinião de ninguém.

não tentar impedir que alguém vá
embora. se assim quiser, será feito.

nunca negociar meus valores,
meu limite e minha honra.

eu sou um privilégio.
é importante lembrar.

se só um **louco** te desvalorizaria,
lembre-se de que quando você se desvaloriza,
se assemelha muito a ele.

se alguém me amar, vou reconhecer,
porque essa é minha jornada.

se alguém me for indiferente, vou recusar, pois
ninguém pode me dar nada do que eu não me
daria. eu sei o que passei pra estar aqui:
eu jamais seria indiferente à minha presença.
por que razão aceitaria que alguém fosse?

a minha **força** é uma espécie de
herança. é pulsante, é vital, é matrilinear.

é um presente de todas as mulheres
de meu sangue, aquelas que vieram
antes de mim, que viveram tempos
sombrios, que correram pra que eu
pudesse ter a chance de voar.

85
thamires hauch

deixar ir.
desapegar.
abrir mão.
soltar.

usar a razão,
porque a emoção
às vezes falha.

eu gosto de me
encarar no **espelho**
por um tempo, até que, de um
alguém tão
íntimo, eu me torne
uma completa
desconhecida que me fita os
olhos sem me
dizer por quê. nada é
mais semelhante
à vida do que isso.

eu – meu alicerce e meu algoz.

você já achou que não conseguiria **superar**, mas superou. achou que nunca mais fosse se apaixonar, se apaixonou. esqueceu que a vida é fase? às vezes, o fim do mundo é o início de um novo universo.

à flor da pele

Clarice Lispector disse que
"o que se cria não se mata",
e eu queria ter tido a oportunidade
de perguntá-la o que fazer, então,
quando o que a gente cria precisa morrer.

me lembro do dia em que você partiu,
tentando me fazer quebrar em mil pedaços.
o que você não sabia é que, antes de você,
eu já havia me partido em mil e um,
e me prometi que seria a última vez.
diferente de você, minha palavra tem valor.
eu cumpri a promessa.

a sua partida não foi minha ruína,
foi minha ascensão.

descubra que as pessoas não são perfeitas. descubra. deixe que elas te mostrem quem realmente são. a imperfeição é um balde de água fria na ilusão de que os outros são como gostaríamos que fossem. os outros são o que são. tudo o que não for isso é fruto da nossa imaginação.

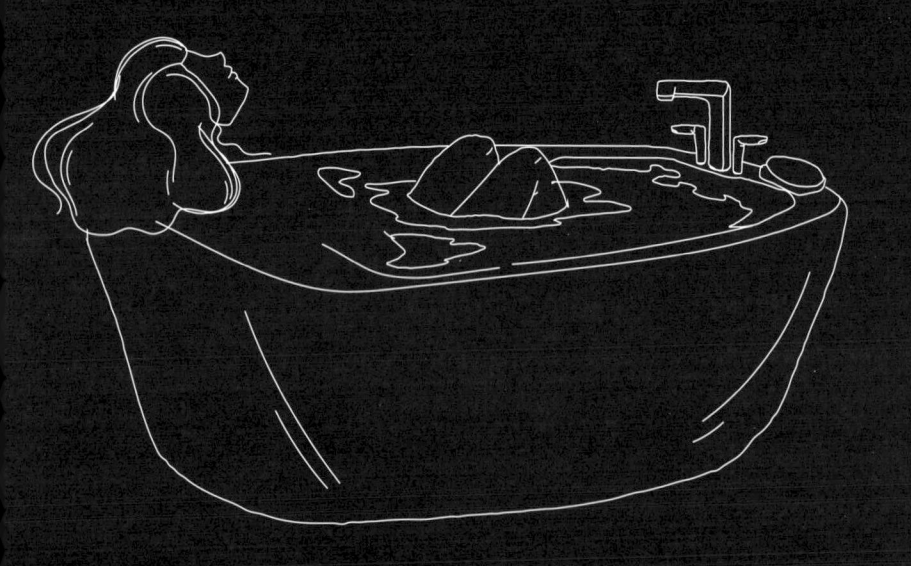

chorar no banho é terapêutico. é como se a
água, silenciosamente, além de te acolher sem
julgar, fizesse questão de levar todo mal consigo,
pro ralo. chorar no banho é se lavar duas vezes
— o corpo e a alma.

antes de desabafar com qualquer um,
tome um banho.

à flor da pele

eu sou **filha** do selvagem.

sou o gatilho e a pólvora,
explosão silenciosa.

destemida, namoro com a lua,
faço amizade com o amanhecer.

sou neblina, sumo atrás das cortinas antes
mesmo de alguém perceber.

sou o uivo do lobo na calada da noite, a
pegada da leoa mãe no fogo do sol ardente.

sou o encanto que entorpece,
a malandragem que mente.

não sou santa, me poupe.
não tenho vocação pra beata.

a minha verdade aproxima.
é a sua ilusão que mata.

ontem eu saí na calada da noite à
procura de mim.
não tinha rastros, não tinha uma
evidência de que eu havia andado
por ali.
me gritei, não me ouvi. me enxerguei,
mas não me vi.
éramos só eu e o coração.
estava quase desistindo de me achar,
quando ouvi a intuição:
não é tentando se encontrar que se acha
o caminho de volta pra casa.
antes, é preciso aceitar que se perdeu.

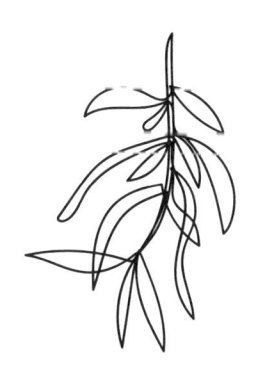

o mais ardente dos **cafés**,
o mais forte dos amores.
a maior das chamas, o mais quente coração.
o mais trépido terremoto,
o mais enérgico dos encantos.
ah, essa gente que sente muito...
sou apaixonada por quem faz questão.

eu não poderia ser uma mulher do tipo quieta.
nasci chorando, falo pra sobreviver.
não suporto precisar me portar, não me peça pra agradar — isso é diferente de ser gentil. gentileza é respeito sem necessidade de aprovação.
é que tudo o que é forçado perde o sentido, e
eu jamais usaria minha força pra algo tão besta, quando é meu eu quem precisa de **atenção**.

o **hoje** é o hoje.
não é ontem, não é amanhã.

hoje é o seu melhor dia.
é tudo o que você tem.

pedir pro hoje passar depressa é
feito correr atrás do próprio rabo.

porque amanhã você vai acordar e perceber que...

o hoje é o hoje.
não é ontem, não é amanhã.

hoje é o seu melhor dia.
é tudo o que você tem.

expectativas e amores são animais **selvagens**:
se puder, alimente-os. mas os deixe sempre livres.

quanto mais você gostava,
mais desgostosa parecia pra si.

quanto mais lutava, menos vencia.

se avançava, sentia a distância.

se te parece esforço em vão,
provavelmente em vão o esforço é.

escolha bem suas batalhas.

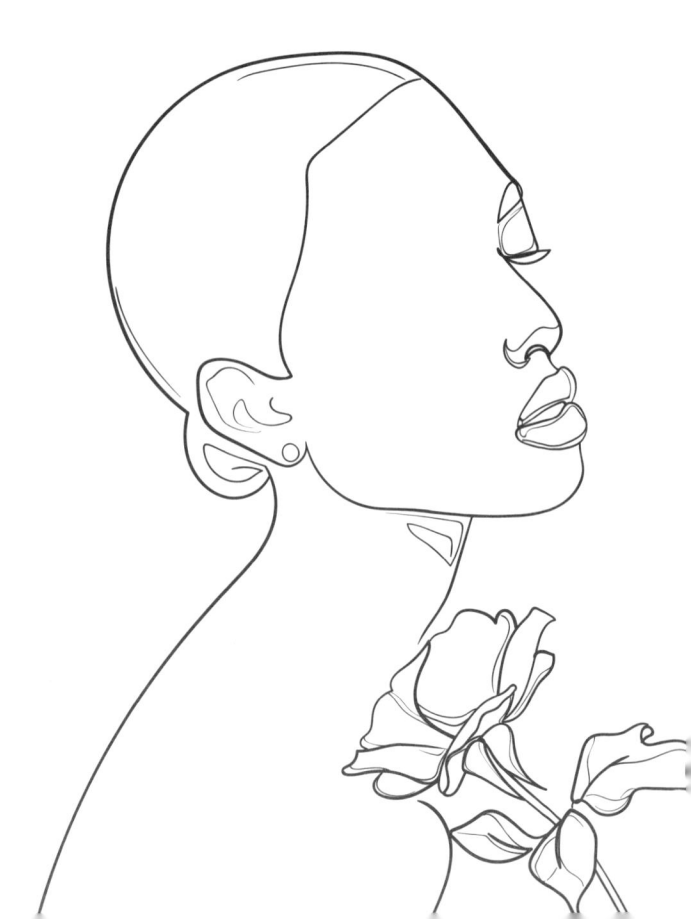

vocês não precisam de uma última conversa
pra encerrar o ciclo. meu bem, convenhamos:
a falta de respeito foi o encerramento do ciclo.
seus olhos inchados pela manhã foram o
encerramento do ciclo. suas noites mal dormidas,
a ansiedade. já foi. aceite. recolha sua dignidade.

100
à flor da pele

e viveram *felizes*, mas não sabiam
se era pra sempre. só viveram
felizes, e ponto.

houve um tempo em que
eu chovi sem hora pra acabar.
fiz jus às nuvens pesadas que deixavam
turva a visão do meu coração.
transbordei.
cansada de ser sol, fui trovão, esbravejei.
foi um alívio não me conter.
foi extasiante lembrar que eu não
caibo em mim.
pra quem não me reconhece mais, eu cresci.

decifrar afetos é como precisar ler um coração em braile,

mas um **coração** que você não consegue sequer tocar.

hoje o vento me soprou angústia,
mas eu cantei liberdade.

o tempo me convidou pra saborear a saudade,
mas eu escolhi degustar o presente.

eu resisti àquela velha vontade de fitar minhas
mágoas – eu já tava cheirando à poeira.

levantei, me enfeitei, e, de repente, tudo em mim
floriu. me perfumei de coragem pra receber a vida,
essa mulher bendita que é puro recomeço.

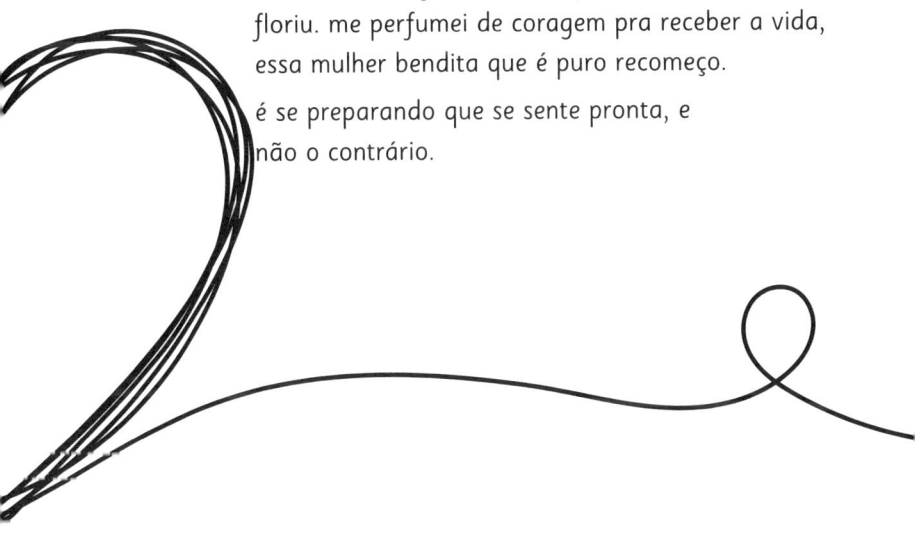

é se preparando que se sente pronta, e
não o contrário.

eu não gosto de **whisky**.
me oferecer mais um gole
não vai mudar minha opinião sobre.
porque não se pode fazer alguém
amar algo dando mais uma dose
do que já provou e não teve nem
interesse em adorar.

esse texto não é sobre whisky.

meu corpo é festa.
daquelas que começam no fim de tarde e só terminam de manhã.
é exagero, é ânsia de viver todas as vidas em uma só noite.
sou confete e serpentina, purpurina até os olhos, sou folia de carnaval.
mas também sou poema, olhos cerrados, o som estridente do silêncio que embala o estar só.
sou o gelo que derrete com o calor do fogo, mas raramente sou fogo que se apaga.
sou plural, o pulo da gata, o palco da noite.
sou uma piscina de sentimentos, um poço de ausências.
sou o que é preciso pra estar viva – sempre sentindo, raramente fazendo sentido.

corações **quebrados**
são como janelas de antigas
casas abandonadas.

quando se vê, alguém entra pelo
buraco e faz morada.

não é a sua **independência** que deveria assustar, mas a brutalidade da dependência de quem teme alguém como você, afinal, só reconhece a liberdade quem também é livre.

você é **amada**.

você tem muito valor.

você é incrível.

não importa quanta gente já tenha te feito acreditar no contrário.

você é.

tudo o que precisamos saber sobre o amor:
nada.
porque tudo aquilo de que já tomamos conhecimento, deixamos de querer experienciar, e o amor... o amor é vivência.

amar é encontrar outros corações pra cadenciar.

não se **culpe**.
sua versão do passado não sabia
tudo o que você sabe agora.
perdoar-se é um ato de amor.
talvez um dos maiores.

não se dobre pra caber em lugares pequenos

demais pra você. seu corpo é vasto, sua alma é

gigante. seu coração não se preencheria com um

espaço tão pequeno. não se contente com pouco

porque o muito lhe parece distante. quando nos

contentamos com pouco, o mínimo parece o

suficiente. há um lugar gigante à sua espera. um

lugar em que você poderá ser apenas você. sem

amarras, sem restrições... linda, leve, louca. livre.

logo eu, que sempre tive tanto medo de me perder, no final, me perdi. naveguei em águas rasas, contando com a sorte de um barco furado, ancorado em cordas fracas. avistei possibilidades; não enxerguei a realidade. eu estava ocupada demais criando desculpas para as suas desculpas esfarrapadas. eu, que já estava em fiapos, me despedacei. mas quando pensei que fosse o fim, era só início de mim. ao encontrar-me jogada no chão, quem me estendeu a mão foi a vida, convidando-me, não gentilmente, a mudar. era ela, a transformação que eu tanto pedi aos céus. a vida tem uma forma torta de nos endireitar. no fim, só resta aceitar. às vezes, é preciso estar à beira de um abismo pra perceber que, ao se jogar, cairá em si.

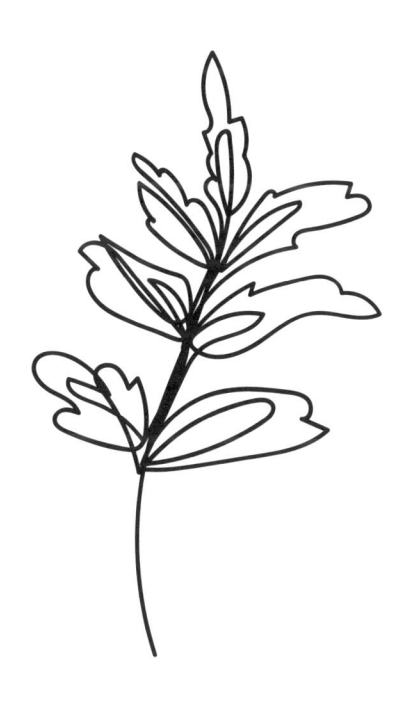

enxergar com clareza
é silenciar um pouco a
emoção, deixando entrar a
luz que incendeia a visão
quando tudo parece escuro.

a forma como alguém **entra** na nossa vida pode ser encantadora, mas a forma como esse mesmo alguém sai, isso sim é memorável.

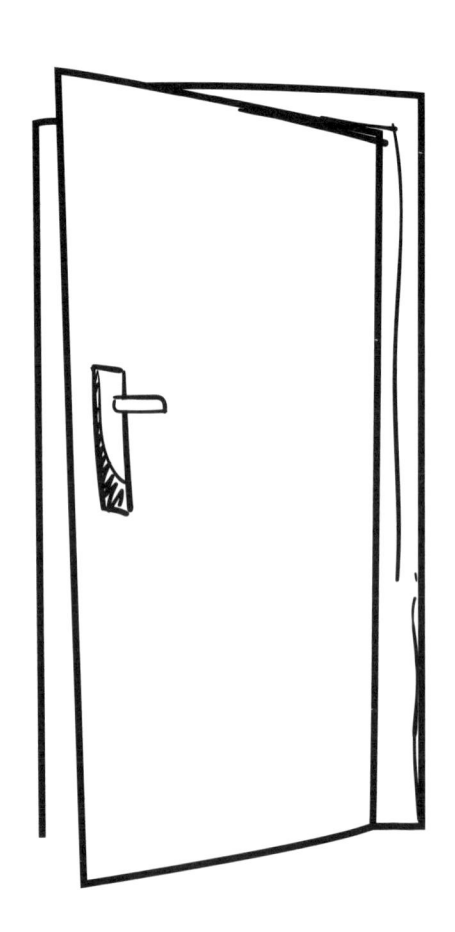

quando a saudade
mandar lembranças,
pergunte a ela por onde
andou durante todo esse
tempo em que você esteve
se reconstruindo, cuidando
de certas feridas, domando
monstros tão íntimos.

por onde andou a saudade
quando você precisou
decidir entre o que queria e
o que era melhor pra si?

cuidado.

a saudade pode ser um
sentimento covarde — só
aparece quando você se
veste de coragem.

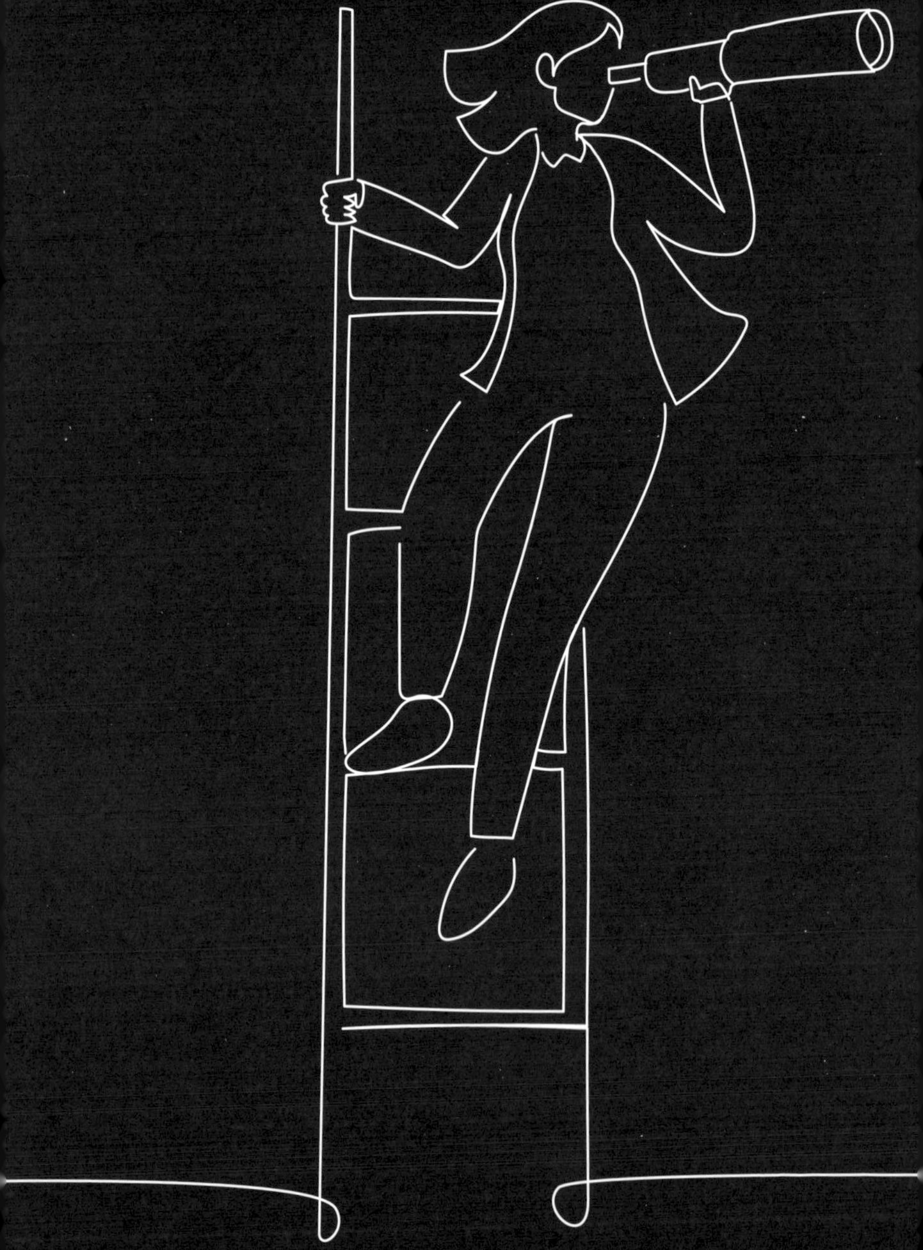

é **degrau** por degrau
que se vence na vida.

sempre em frente, sem
precisar subir em ninguém.

veja o que **nunca** foi visto.
vá pela primeira vez.
experimente, saboreie.
mude.

esteja atenta ao desconforto sem deixar de curtir o conforto que é se pertencer.
por um instante ou mais, enlouqueça – você vai rir disso depois.
crie memórias. o tempo é traiçoeiro, joga seu manto quando menos se espera.

por onde passar, deixe um pouco de si, sem que se deixe tudo.
não se contenha. as pessoas mais admiráveis são as que simplesmente são.
seja!

amanhã é tarde pra se cuidar. se acolha agora.
atrasado é o relógio. tá tudo bem com seu tempo.
caminhar também é percorrer.
melhor o arrependimento de ter vivido do que o amargor de ter se escondido.
coragem.

tenha coragem.

esperamos que o amor seja um trem **desgovernado**, um chute na porta fechada, um incêndio.

e quem sustentaria tamanha insanidade?

o amor está entre a lentidão do processo e a pressa de se ajeitar as vidas.

o amor acontece no durante.

o amor é algo que a vida adulta nos exige constantemente: escolha.

tudo bem **recomeçar**.
eu repito: tá tudo bem.
confie no processo.
você merece novas chances
– quantas forem preciso.

talvez a dor da perda não seja só sobre a dor
de não mais se ter o que passou, mas o pesar
de não ter mais o que seria.

da estrada da luta, conheço cada curva.
quem acha meus sonhos grandes, certamente
não conhece o tamanho da minha alma.
a cabeça vive nas nuvens.
os pés, sempre no chão.
carrego a determinação no sobrenome
e a nobreza no coração.
se por acaso o mundo me faz
esquecer o que mereço, não desanimo:
sempre fui boa em recomeços.

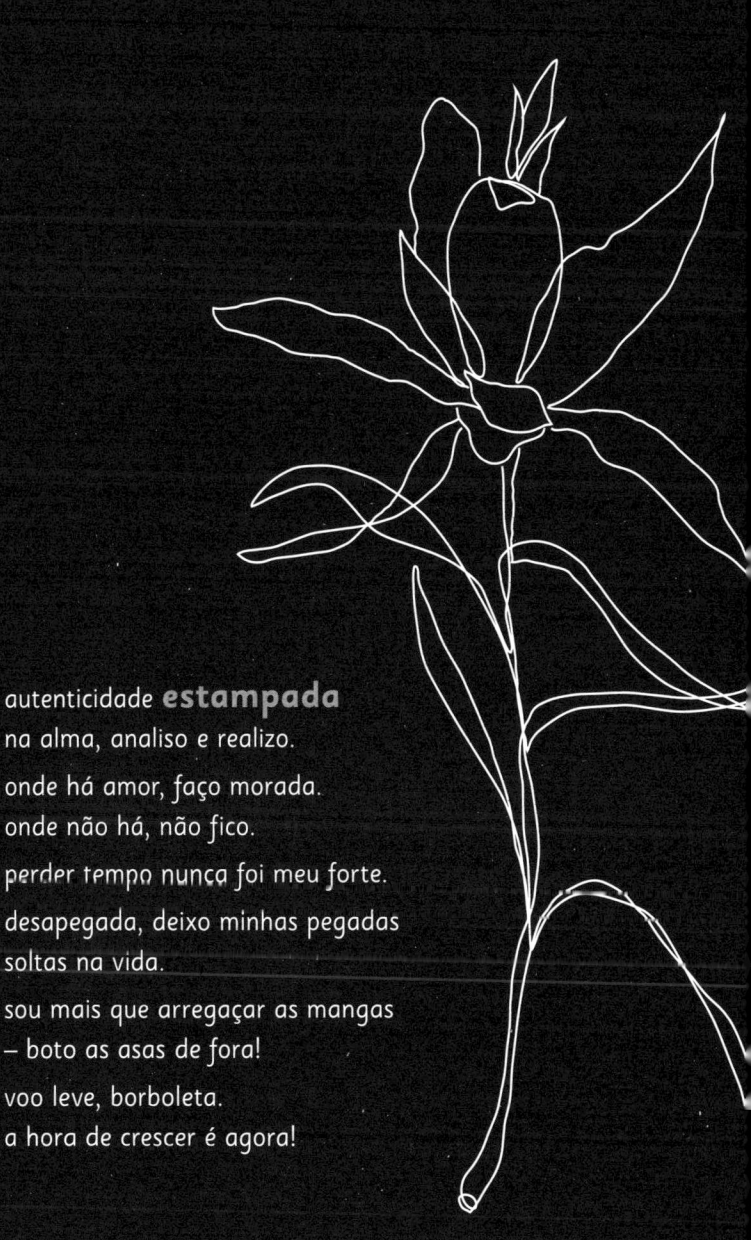

autenticidade **estampada**
na alma, analiso e realizo.

onde há amor, faço morada.
onde não há, não fico.

perder tempo nunca foi meu forte.

desapegada, deixo minhas pegadas
soltas na vida.

sou mais que arregaçar as mangas
— boto as asas de fora!

voo leve, borboleta.
a hora de crescer é agora!

dos amores, conheço as **delícias** e os dissabores.

sem medo da entrega, sei que nada em
mim é covarde.

pra cada um que sai da minha vida,
tenho aprendido que é assim que me livro
de todo o mal. amém?

pra cada dificuldade, sei que Deus
está preparando o que tanto pedi.

se a jornada se diz imbatível,
ela que espere até conhecer a minha força.

faço corpo **mole**, mas tenho
sangue quente.

posso ser doce, mas não sou dócil.

dona de si, dane-se o que os
outros pensam.

tentar me domar é perder tempo.

sou do tipo que anda ao lado,
nunca atrás.

tenho forças que até minhas
fraquezas duvidam.

talvez não saiba pra onde vou,
mas nunca esqueço de onde vim.

por mais que voe, volto.

quando perco o chão, ficam
sempre as raízes.

quando a estrada da vida
me parece longa, sintonizo
no amor e ponho o medo do
mundo no mudo.

minha *fala* anuncia, mas não costuma mandar recado.

eu sei a que vim.

valente, de receios pequenos e coragens gigantescas.

carrego no peito a entrega — meu amor mora no doar.

ser mulher é florir na primavera, é ser quem dá o tom da conversa entre o céu e o mar.

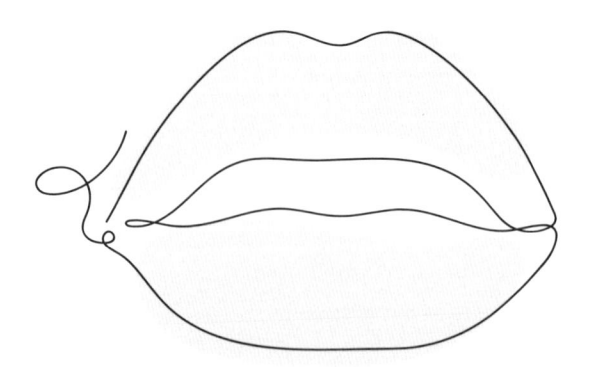

não tem jeito.

ser fera é sobre encarar as próprias
feras também.

antes que eu me perca em alguém,
me encontro em mim.

pra me reconhecer inteira, precisei
juntar todas as metades que
deixei cair.

alguns nãos me trouxeram ao sim
mais importante da vida: o meu,
pra mim.

depois de passar por tantas
tempestades, tirei a roupa. de pés
descalços, estou nua olhando para
o céu.

enfim, já não temo a chuva.

se não vejo interesse,
pra quê insistir?

apesar de detestar jogos,
nessa batalha, eu faço
questão de ser vencedora:
sou a que desiste primeiro.

nunca tive vocação pra
correr atrás de pessoas.
entrego os acontecimentos
da minha vida à própria
vida. essa confiança cega
muita gente, mas eu
deixo no escuro.

aos meus, o melhor de mim.

se não ficam, é porque
não cabem mais no
meu **infinito**.

tenho **sede** de reciprocidade,
e fome de transparência.

quando o respeito não é mais servido como um banquete, eu me levanto da mesa.

e sobre me retirar, essa é uma das tarefas que eu melhor executo.

tem dias que me encaro, me aliso feito fera mansa, lambo minhas feridas.

me reerguer é o meu forte.

o fraco? não temer a queda.

um **ciclo** que se encerra na vida de uma mulher é página virada, coração trancado e chave perdida.

o silêncio diz tudo. e fala muito, muito alto.

entre dores e aprendizados, quando tomamos gosto pela indiferença, sabemos que é hora de partir.

"deixar ir pra transformar."

"evoluir inclui eliminar."

se amar custa o **preço** de você enlouquecer os outros – "de amor ou de raiva".

uma coisa é verdade: o mundo tem medo das mulheres independentes.

pra gente que é gata

crio-me, mando-me e retorno quando
bem entendo, me banho e me arranho
no ápice da autossuficiência, ameaço
e cativo na mesma medida, sempre à
sombra do mistério.

sobre as relações

evite os que permanecem contigo durante o verão, mas fogem quando chega o seu inverno.

mais **admirável** do que aquele que te dá flores
é aquele que sabe como plantá-las dentro de você.

sobre **tudo** o que não aconteceu: me livrei.
pra tudo o que veio até mim: evoluí.
passei pelos meus piores dias e, veja bem,
estou viva.

"você também."

aprendi que, se eu **plantar** rosas, colherei rosas, mas não poderei reclamar de seus espinhos — eles fazem parte de sua proteção.

foi nessa intensa jornada de me pertencer que eu descobri: toda beleza tem suas defesas.

a mulher que você está se tornando vai te custar pessoas, conforto, situações, relacionamentos, comportamentos e velhos **apegos**.

entregue e confie.

renda-se à transformação.

abrace o desconhecido.

"que pulse o selvagem."

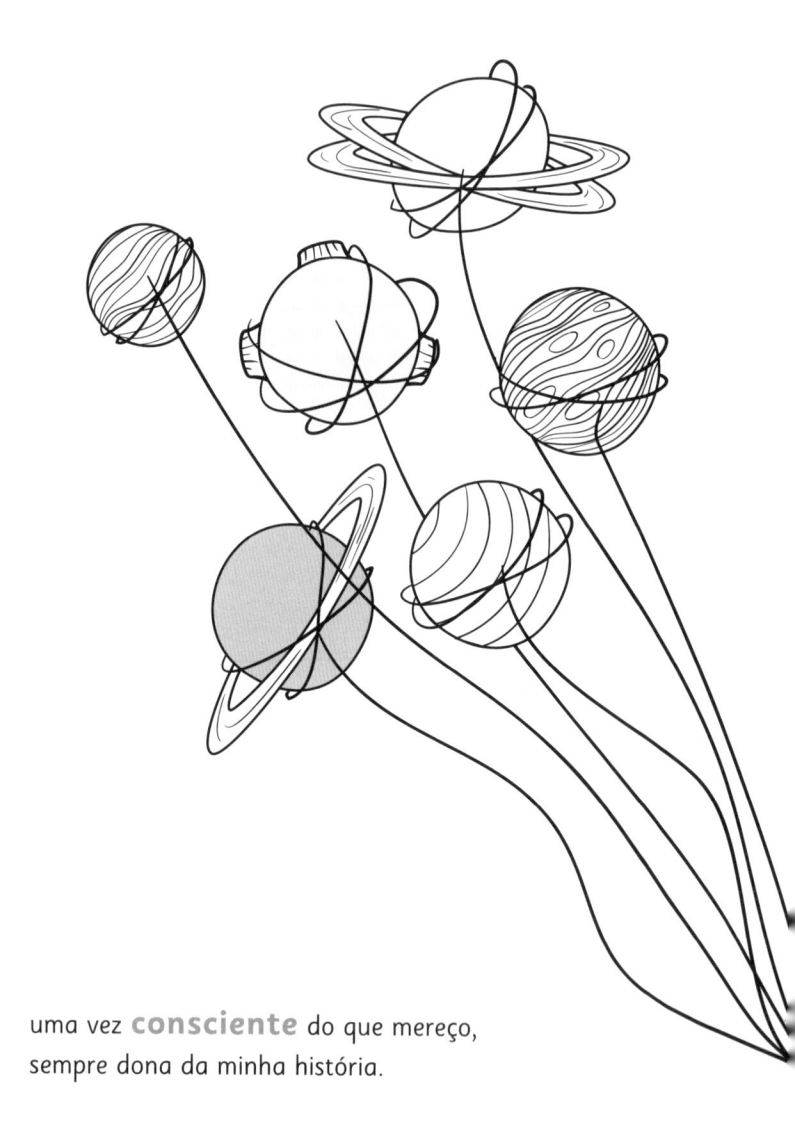

uma vez **consciente** do que mereço,
sempre dona da minha história.

ser **gentil** comigo é o meu compromisso.
tenho sido a pessoa que quero ter na vida:
a que me acolhe, respeita e não impõe
empecilhos pra esse amor —
de existir, basta.

não me preocupo em não **cair**:
quem eu sou de verdade sempre
estará à minha espera.

não basta reconhecermos nossas **piores** faces
e querermos, simplesmente, adormecer nossos
maiores monstros: é preciso saber do que eles
têm se alimentado...

se nada é o mesmo pra **sempre**,
por que você haveria de ser?
certos acontecimentos deixam
marcas, eu sei, mas toda marca é
também uma cicatriz que, em seu
fechamento, te mostra como é que
se encerra um ciclo.

"seu corpo traz respostas
que fazem o mistério sentar
pra aprender."

você, mulher forte, tão
menina, tão madura, herdou a
capacidade de enfrentar todo
o mal. seu dom é saber viver
com transparência.

tem o costume de
fazer da **felicidade**
a melhor amiga.

do caos, a sua reconstrução.

cria pontes, destrói muros,
encurta distâncias.

de tanto ser amor,
transborda amar.

mulher de alma florida, feita de
emoções à flor da pele, eu te
pergunto: como faz pra carregar
no peito esse coração que é do
tamanho do mundo?

Conheça a autora:
@thamireshauch

Conheça a editora:
@cocriatti